Telón en los Juegos Olímpicos

Carmen Blánquez
Ilustraciones de Alicia Cañas

Nota de la autora antes de leer este cuento:

Este relato está ambientado en la Grecia antigua y se desarrolla en el siglo V a.C. Los personajes protagonistas son ficticios, aunque sus nombres corresponden a los de muchachos que participaron realmente en los Juegos Olímpicos, y su entrenamiento debió ser muy similar al narrado aquí. El desarrollo de las distintas pruebas está tomado de relatos antiguos. También sucedió de verdad la guerra entre los griegos y el gran rey de los medos.

NOTA: Algunas palabras destacadas o de más difícil comprensión aparecen en un vocabulario al final del libro.

ISBN: 84-216-1646-3
Depósito legal: M-39520-1991
Impreso en España - Printed in Spain.
Impresión: MELSA.
Fotocomposición y fotomecánica: SISTEGRAF.

La primera vez

LA primera vez que fui a Olimpia a ver los Juegos, yo era muy pequeño. Recuerdo que me asustaba la cantidad de gente que había por todas partes, gritando y riendo, y que hacía mucho, mucho calor.

También me acuerdo, sobre todo, de las carreras de carros y del ruido de los caballos galopando tan rápido que parecía que ya nunca podrían parar. Cada vez que daban una vuelta completa al hipódromo y se aproximaban a donde estábamos nosotros, todo el mundo se ponía de pie y alzaba los brazos, aclamando a los que competían disputándose la victoria.

Yo gritaba también, y me sujetaba con fuerza a la cabeza de mi padre, que me encaramaba a sus hombros para que pudiera verlo todo bien.

Habíamos ido hasta Olimpia en grupo, andando, porque nuestra ciudad estaba muy cerca. Y parte del camino —cuando yo estaba muy cansado— lo hice así, sobre sus hombros, escuchando lo que hablaba con los demás. Y lo que más me interesó fue que, según decía mi padre, en el hipódromo había una curva donde vivía un demonio. Y este demonio se divertía asustando a los caballos y engañando a los *aurigas* * para hacerles perder.

Yo, ahora que estaba allí, miraba hacia la curva y no veía ni demonios ni nada parecido. Pero sí notaba que la multitud rugía con más fuerza y que los caballos se espantaban al dar la vuelta a toda velocidad.

La carrera duró muchas horas y el bosque cercano estaba iluminado con una luz dorada, del sol que se ponía, cuando al vencedor, que estaba vestido con una túnica larga que le llegaba hasta los tobillos, le premiaron con una cinta de lana que colocaron en su frente.

Dormí acurrucado con mi padre, mi tío y algunos más en una tienda de campaña, en el bosque que había junto al hipódromo, entre árboles que olían muy bien. Yo estaba cansadísimo pero también nervioso por todo lo que había visto. Además estábamos rodeados de gente que continuaba con el jaleo y hablaba sin parar, comentando la carrera.

El caso es que, como no podía dormir, le pedí a mi padre que me contara las historias de Zeus y los primeros Juegos. Nunca se negaba a hacerlo, porque le gustaba, como a mí, y yo me las sabía casi de memoria. Siempre empezaba igual:

«Cronos fue el primer rey del cielo.»

«Cronos fue el primer rey del cielo» —repetía yo, bajito, casi sin pronunciar las palabras.

«Y su mujer, Rea, dio a luz un hijo y lo hizo de noche, en secreto, escondida en una cueva que había en la isla de Creta. Tuvo que hacerlo así porque Cronos tenía miedo de que sus hijos le quitaran el trono cuando crecieran, y por eso se los comía cuando nacían. Y ya había devorado a cinco niños y niñas que Rea, su mujer, había tenido antes.»

Al llegar aquí, yo cogía la mano de mi padre, que siempre me la apretaba antes de continuar.

«A la mañana siguiente, Rea le llevó a Cronos una piedra envuelta en pañales y Cronos se la comió creyendo que era un niño. Después, Rea, encargó a cinco hermanos que cuidaran y mantuvieran oculto a su hijo Zeus, y el mayor de estos cinco hermanos se llamaba Heracles.»

«Heracles y sus hermanos llegaron a Olimpia y allí les propuso un juego: una carrera. Y aquel que ganara recibiría como premio una corona de hojas de olivo silvestre. Porque aquello estaba lleno de olivos, y aprovechaban sus hojas para todo, incluso para hacerse un colchón y dormir sobre él. Así inventó Heracles los Juegos, que todavía hoy se siguen celebrando en Olimpia, y por eso al que consigue la victoria se le corona con hojas de olivo.»

En este punto del relato, mi padre se detenía y esperaba la pregunta que yo le hacía siempre.

—¿Y hay Juegos todos los años en verano?

—No —contestó él—, Heracles decidió que fueran en el quinto año, porque él y sus hermanos eran cinco.

—Pero, ¿y Zeus? —pregunté—, ¿qué le pasó?

Por un momento tuve la sensación de que mi padre no iba a continuar. Se quedó callado, se levantó y salió de la tienda. Fui tras él, y nos sentamos juntos apoyando la espalda en un olivo, mirando al cielo, al reino de Cronos. Yo quería que siguiera contándome cosas, e insistí.

—¿Qué le pasó a Zeus?

—«Cuando Zeus creció —me dijo— luchó contra su padre, Cronos. Primero le dio una droga para que vomitara a los niños que se había comido, y después, con ayuda de sus hermanos y hermanas, le venció y se convirtió en el nuevo rey del cielo. Y estaba tan contento por su victoria que ordenó que en su honor, para celebrar su triunfo, se organizaran unos Juegos en la ciudad de Olimpia.»

Todas las historias sobre los Juegos —y había más— acababan igual: en Olimpia, donde estábamos ahora, había una gran celebración cada cuatro años, y allí acudían de todas partes, incluso desde muy lejos, hombres que sabían, como yo, estos relatos y que querían que no se olvidaran.

Y por eso corrían y luchaban como Zeus y Heracles y al que ganaba se le premiaba con la corona de ramas de olivo y se ponían muy contentos porque todo el mundo se enteraba de su victoria y les felicitaba.

Y era lo mejor que podía pasarte, porque todos pensaban que eras el más fuerte, hábil y astuto, y también el más valiente, no tanto como el rey del cielo, claro, pero parecido. Y aunque vivieras muchos años más, se seguía recordando tu victoria, incluso tu nombre, que se escribía en unas listas muy largas que se guardaban para siempre.

Bueno, seguramente aquella noche yo todavía no comprendía todo esto, porque era demasiado pequeño, pero sí sabía que mi padre había estado mucho tiempo fuera de casa, luchando contra un gran rey que no era griego, y estaba seguro de que había sido muy valiente y había ganado. Y recuerdo a toda la gente de la ciudad donde yo vivía gritando de alegría cuando él y los demás volvieron de la guerra, aunque no le dieron ninguna corona.

Debí quedarme dormido, al fin, y los Juegos continuaron los días siguientes, con el mismo calor y alboroto por todas partes. Y otra cosa que recuerdo muy bien —además de las carreras de caballos y carros— es la música de las flautas, que sólo tocaban mientras los atletas saltaban, no cuando corrían o luchaban.

Desde entonces, desde aquella primera vez que mi padre me llevó con él a Olimpia a ver los Juegos, soñaba con volver, aunque mi madre se preocupó mucho cuando regresamos a casa, a mi ciudad, y me vio tan sediento y agotado.

Pero es que ella no entendía lo contento que yo estaba, como mi padre y mi tío, porque estaba prohibido que las mujeres —aunque fuesen madres— vieran los Juegos, y a la que lo hacía la tiraban al mar desde lo alto de una montaña.

Y aunque yo quería contarle todo lo que había visto y lo bien que me lo había pasado, ella sólo quería que me durmiera y me repetía:

—Telón, ahora tienes que descansar o te pondrás malo.

La verdad es que tenía razón. Yo casi siempre estaba malo. Me cansaba en seguida, era el que menos corría de mis amigos y, en vez de ir en verano a nadar al río como los demás, sólo podía bañarme en la fuente que estaba llena de personas que iban allí a curarse. Pero yo no me ponía fuerte, aunque mi ciudad era famosa porque en el agua de la fuente vivían unas *ninfas* que curaban toda clase de enfermedades a los que se bañaran en ella.

—Vamos, Telón, calla y duérmete —insistía mi madre—. Mañana me lo contarás todo.

Cerré los ojos y mi madre se fue, después de estar quieta un rato a mi lado. Se había acabado lo bueno y si no descansaba no me dejaría ir al día siguiente al bosque con mis amigos. Y yo tenía que contarles todo también a ellos, y así, esta vez, yo sería el más importante. No como cuando ellos corrían sin parar y yo tenía que sentarme porque me dolía el pecho al respirar, y sólo mi amigo Duris se quedaba para esperarme.

Desde entonces han pasado cuatro años pero todavía, cuando pienso en aquellos días, noto la misma sensación de alegría y me dan ganas de correr. Bueno, es que yo, desde que volví de Olimpia, todo lo hacía corriendo y dejé de cansarme, y mis amigos empezaron a reconocer que era el más rápido. Tanto, que se empezó a decir que yo podría ir a los Juegos en honor de Zeus y participar en la carrera. Y en mi ciudad, en Heraclea, me animaban y mi madre decía que habían sido las ninfas de la fuente las que me habían curado.

Telón y Duris

PORQUE yo nací y he vivido siempre en Heraclea, una ciudad que está a unos cincuenta *estadios* * de Olimpia. Y ya os he hablado algo de su río, su fuente y del bosque donde yo jugaba de niño. Y sabéis también que me llamo Telón y tengo doce años. Pero lo importante, y lo que os quiero contar, es lo de los Juegos Olímpicos.

No es que las cosas cambiaran de repente: yo seguí mi vida normal. Lo que cambió fue que me harté de ser el pachucho y el pequeñajo Telón y quise, por encima de todo, crecer y ser fuerte.

También pasó que nació mi hermana Cinisca, que acaparaba la atención de mi madre, y yo, en cambio, pasaba más tiempo con chicos de mi edad y no podía aceptar ser el más flojo de todos.

Pero, al principio, no podía ni imaginarme que algún día iría a las Olimpiadas, no a verlas, sino a competir en ellas. Aunque la verdad es que cada vez me gustaba más hablar de los Juegos y buscaba a los más viejos del pueblo para que me contaran cosas sobre los atletas famosos y cómo se habían entrenado.

Me sabía al dedillo todo sobre las distintas pruebas en las que se podía participar: carreras de carros y caballos, *pentatlon*, carrera a pie, lucha libre, *pugilato* y *pancracio*.

Mi padre era un campesino grande y fuerte, y me ayudó mucho para que yo mejorara físicamente.

—¡Venga, Telón! —me decía—, vamos a llevar el arado juntos.

Y yo me ponía a su lado, en el campo, y lo sujetaba con todas mis fuerzas.

—¡Vamos, Telón!, coge esas piedras y llévatelas bien lejos para que no tropiece la reja del arado.

Y yo cogía las piedras y las amontonaba en el lindero del sembrado, bien apiladas.

—¡Ánimo, Telón!, cuando acabemos de trabajar iremos juntos al río, que hoy hace mucho calor.

Y allá que nos íbamos a nadar durante un buen rato.

—¡Telón, corre tras esa liebre!

Y se reía, porque yo nunca las alcanzaba.

Y así, poco a poco, descubrí que había crecido. Y que era más fuerte y resistente. Y que me gustaba, sobre todo, correr. Y todo lo hacía a la carrera.

Me levantaba al amanecer, iba a buscar a mi amigo Duris y, juntos, corríamos desnudos y descalzos por el bosque de pinos donde, cuando éramos pequeños, jugábamos con los demás chicos del pueblo.

Duris era un poco mayor y más alto que yo, y más fuerte, y era un poco peleón. Por menos de nada se enzarzaba con quien fuera, sin importarle que fuese más grande. Y casi siempre ganaba. Pero también era un buenazo, y más de una vez, siendo críos, había repartido tortazos por defenderme si alguien se reía de mí.

Pero yo le ganaba corriendo.

—¡Telooón! —me gritaba cuando yo me adelantaba mucho—. ¡Espérame!

Y yo me paraba y me sentaba en el suelo. Pero, cuando ya iba a alcanzarme, me levantaba de un salto, le hacía burla, y echaba a correr otra vez. Y así hasta que, agotados los dos, nos tumbábamos mirando al cielo, muertos de risa.

Éramos los mejores amigos del mundo y nos gustaba hacer juntos las mismas cosas. Yo admiraba su fuerza y energía y lo alegre que estaba siempre. Y él se pasmaba de mi velocidad y resistencia en la carrera y le encantaba que yo le contara todo lo que sabía de los Juegos de Olimpia.

Los demás chicos de Heraclea también hacían ejercicios como nosotros y competíamos a veces, todos juntos, para ver quién era el mejor. Cada día íbamos al gimnasio y practicábamos la carrera, el lanzamiento de disco y de la jabalina. También íbamos a la palestra y allí nos entrenábamos en la lucha, el pugilato y el salto.

En realidad, todos los chicos hacíamos, más o menos, las mismas cosas, y nuestra vida era muy parecida. Pero, además, Duris y yo nos buscábamos todos los días al amanecer. Y ése era un rato sólo nuestro, que no compartíamos con nadie más, porque nuestra amistad era algo especial. Y así pasaba el tiempo.

Un día llegaron a la plaza de Heracles tres *heraldos** que anunciaron la convocatoria para las próximas Olimpiadas. La ciudad entera se había congregado allí y aguardaba expectante, aunque todo el mundo se sabía de memoria las palabras que iban a decir los mensajeros, porque siempre eran las mismas. Lo único que variaba era la fecha en que se iban a celebrar los Juegos, que podía ser entre mediados de agosto y mediados de septiembre.

El resto se repetía cada vez que se celebraban unos Juegos. Y siempre se acababa con las condiciones que debían cumplir los que quisieran participar, y el mensajero decía entonces con voz solemne:

«En los Juegos puede participar cualquier ciudadano griego, nacido en la libertad, que no tenga la mancha de ningún crimen y que no lleve la maldición de los dioses. Que el mundo se vea libre de asesinatos y crímenes y que cese el ruido de las armas.»

Esto quería decir que durante tres meses debía haber paz en toda Grecia, y si había guerra en algún sitio se paraba. Porque los Juegos eran mucho más importantes que cualquier guerra. Y así, la gente podía acudir tan tranquila desde el sitio más lejano, sin tener problemas en el viaje. Y esto era así desde siempre, porque los Juegos son una fiesta para todos los griegos, y todos los griegos respetan la tregua.

Y yo sé que durante la guerra contra el gran rey, en la que peleó mi padre, los *medos**, que no son griegos, no hicieron caso y atacaron. Pero incluso entonces, mientras duraba la lucha, en Olimpia hubo Juegos, y esto sorprendió mucho a los medos que luchaban en el ejército del gran rey, pero es que ellos no entendían que, para un griego, como yo, lo primero son los Juegos, y lo primero es lo primero.

Bueno, el caso es que Duris y yo escuchamos a los heraldos, y cuando éstos acabaron de hablar nos miramos y, sin decir nada, supimos que los dos pensábamos lo mismo: ¡Daríamos cualquier cosa por ir a Olimpia y competir en las pruebas! Yo estaba convencido de que mi amigo podía vencer en la lucha al más fuerte. Y Duris pensaba que nadie en el mundo era más veloz que yo corriendo.

Pero lo de menos era lo que pensáramos ambos. Lo importante era lo que pensaran nuestros padres. Porque nosotros sólo podíamos participar en los Juegos de muchachos, que eran para los que tenían menos de dieciocho años. Luego, estaban los Juegos de los mayores de esa edad, que iban si querían y no necesitaban el permiso de nadie y competían entre ellos aparte. Pero, nosotros, por ser aún pequeños, debíamos ir acompañados por algún familiar mayor.

Además, una cosa era querer participar y otra conseguir hacerlo, porque una vez en Olimpia muchos eran eliminados y sólo competían realmente unos pocos, los mejores de todos los aspirantes. Y Duris y yo éramos buenos, cada uno en lo nuestro, pero también debía haber otros muy buenos en cualquier otro pueblo o ciudad de Grecia.

De modo que, conteniendo nuestros nervios, antes de hacer nada, nos fuimos

como siempre al bosque y nos sentamos entre los árboles, dispuestos a charlar durante un buen rato.

—Veamos —me dijo Duris—. ¿Qué hay que hacer para poder participar en los Juegos de muchachos?

Yo me sabía al dedillo la respuesta y sabía que Duris también se la sabía, porque acabábamos de oír a los tres heraldos, que lo habían dicho y, además, habíamos hablado mil veces de las Olimpiadas. Lo que pasa es que él era así. A veces preguntaba cosas porque le gustaba escuchar cómo le contestaba yo, y al final siempre estábamos de acuerdo en todo. Pero esta vez era importante y los dos estábamos muy serios.

—Tenemos que entrenarnos aquí, en Heraclea, con un maestro durante diez meses —le contesté yo—. Así deben hacerlo todos, cada uno en su ciudad. Después, otro mes más de entrenamiento, ya todos juntos en la misma ciudad, en Elis, junto a Olimpia, justo antes de que comiencen los Juegos.

—Primer problema —comentó Duris, frunciendo el ceño—. Mi padre quizá no tenga el dinero suficiente para que yo me entrene durante un mes en Elis.

—Nada de eso —le respondí—. Si tu padre no puede pagar tus lecciones de entrenamiento, sólo hay que conseguir que alguien del pueblo, que sea más rico, las pague. Y para convencerlo, le demuestras lo fuerte que eres y así verá que vas a ganar.

—Tú sabes —añadí, porque él seguía callado, escuchándome— que tenemos la ventaja de vivir muy cerca de Olimpia, y así nos ahorramos el gasto del viaje. Además, si ganamos, vamos a ser famosos en toda Grecia para siempre, pero también lo será nuestra ciudad, y se alegrarán de habernos ayudado.

Duris me miraba, mientras yo hablaba tan convencido de lo fácil que iba a ser todo, aunque, en el fondo, no estaba muy seguro. Sin embargo, era verdad que yo ha-

bía oído hablar de mecenas ricos que estaban dispuestos a ayudar a los jóvenes, pensando en el honor que, si ganaban, recaería sobre toda la ciudad.

Seguimos allí sentados, hablando, durante un buen rato. En cualquier caso, daba igual. La decisión no era nuestra sino de nuestros padres. Por eso, finalmente, regresamos cada uno a nuestra casa.

En toda la ciudad se comentaba el anuncio de los próximos Juegos y se mencionaban los nombres de los que mejor podrían representarla. Duris se entretuvo charlando entre los corros de gente que llenaban las calles. Pero yo me fui directamente a buscar a mi padre y lo encontré precisamente reunido, junto con otros padres, hablando con los maestros que nos enseñaban en el gimnasio y la palestra.

Cuando yo llegué, ya estaba todo decidido: serían los maestros quienes elegirían a los mejores chicos, y toda la ciudad colaboraría para que pudieran ir a Olimpia y participar en los Juegos, fuera quien fuera el escogido.

Y esto era justo, porque los maestros nos conocían bien, ya que nos adiestraban a diario y no se dejarían llevar por preferencias personales. Simplemente elegirían al mejor.

Los atletas de Heraclea

SE celebraron unas pequeñas competiciones, casi como las de cualquier día, en el gimnasio a donde íbamos siempre. Sólo que esta vez había muchos espectadores y entre ellos estaba mi padre. Yo no fui el mejor lanzando el disco, ni la jabalina, pues guardaba mis fuerzas para la carrera y me sentía capaz de volar, si era necesario.

Y casi lo fui, porque todos los chicos estaban, como yo, ansiosos por ganar, y corrimos más rápido que nunca. La distancia era siempre la misma: seis veces menos que lo que tenían que correr los mayores.

Y la distancia de los mayores la fijó Heracles en persona y era exactamente seiscientas veces su pie, es decir, ciento noventa y dos metros.

Yo estaba acostumbrado a correr distancias mucho más largas todos los días, pero ahora no se trataba de aguantar más distancia corriendo, sino de ser el más rápido. Y lo fui.

—¡Hurra, Telón! —oí gritar a mi padre.

Mientras recobraba la respiración, miré hacia donde él estaba y le vi saltando de alegría y saludándome con los brazos en alto. Me sentí doblemente feliz, por mí y por él. Porque mi padre había sido la persona que más me había ayudado, cuando yo quería dejar de ser un pequeñajo y un pachucho, y me esforcé en hacer, poco a poco, cada día más ejercicios, y todo mi cuerpo cambió.

Vamos, que el esfuerzo había sido mío, pero sin los ánimos de mi padre me hubiera resultado mucho más difícil conseguirlo, porque con él todo parecía un juego.

Y también Duris, mi amigo, me había defendido cuando éramos más pequeños y me había animado y ayudado siempre. Con él, hasta los mayores esfuerzos eran también un juego y motivo de risas.

Y yo sabía que, además, Duris era el mejor de la ciudad en la lucha. Por eso no me extrañó nada que lo demostrara una vez más: ganó a todos en la palestra.

Y, finalmente, los maestros, tras acabar la competición, les dijeron a todos los allí reunidos su veredicto:

—Duris y Telón representarán a Heraclea en los Juegos de muchachos que se van a celebrar en Olimpia. ¡Que sea en honor de Zeus!

Ya estaba conseguido el primer paso. ¡Iríamos los dos a las Olimpiadas! Duris participaría en la lucha y yo, en la carrera.

El gran rey

CAMINO de casa, mi padre me pasó el brazo por los hombros y me dijo:

—Estoy muy contento y orgulloso de ti, Telón.

Sonreía mientras me lo decía, pero yo notaba que en el fondo estaba muy serio, como si fuera a hablarme de algo importante. Porque yo conocía bien a mi padre, y sólo con mirarle a los ojos o escuchar su tono de voz, adivinaba si la cosa iba en serio o en broma. Algo parecido a lo que me pasaba con Duris, aunque yo a éste a veces le despistaba.

—Verás, Telón —continuó mi padre—. Tú sabes que yo he luchado junto con todos los hombres de nuestra ciudad, Heraclea. Y también los de las otras ciudades que hay en Grecia quisieron luchar. Y todos juntos formamos un gran ejército que peleó contra el gran rey.

—Lo sé, padre.

Pero no añadí nada más, porque quería que siguiera. Me gustaba que me contara aquello y sentirme orgulloso del padre tan valiente que tenía.

—Ahora no hay guerra —siguió diciendo él—. Pero entonces sí la había y yo luché en ella por defender a mi familia: a tu madre, a ti, incluso a tu hermana Cinisca, aunque todavía no había nacido. Y no sólo luché por defender a mi familia,

defendía también a todos los de nuestra ciudad. Porque el gran rey de los medos no quería que fuéramos libres.

—Tú eres un valiente, padre, lo dice todo el mundo —le dije muy ufano.

—Telón, no basta con que los demás piensen que eres valiente. Tampoco basta con ser muy fuerte. Lo importante es demostrarlo cuando es necesario, como lo era entonces cuando los soldados del gran rey nos atacaron y luchamos por nuestra libertad.

Ya sabía yo desde el principio de la conversación que mi padre iba en serio, aunque sonriera. La verdad era que nunca me había hablado así. Y eso me hizo sentirme mayor y muy bien. Y además era estupendo porque íbamos a ir a Olimpia. Y entonces le pregunté:

—¿Y yo iré también a luchar contra el gran rey?

—Ahora no hay guerra, Telón —me dijo—, pero tú también vas a luchar aunque sea de otra manera. Ya luchaste cuando eras pequeño. Recuerda que te esforzabas por mejorar tu estado físico y tu trabajo te costó.

—¿Y ahora? —pregunté yo.

—Ahora vas a jugar en la gran fiesta en honor de Zeus, para demostrar que eres

el primero, gracias a tu esfuerzo, y a que estás preparado físicamente. Lo vas a hacer en paz y con chicos como tú, griegos, porque ahora no hay enemigos en nuestra tierra. Pero si hubiera guerra, también estarías preparado para pelear.

Ahora lo veía más claro que nunca. Cuando yo era muy pequeño y mi padre me llevó a Olimpia a ver los Juegos me estaba enseñando cómo quería que fuese yo de mayor: igual que aquellos atletas, que eran los primeros.

¡Tenía que conseguirlo!, ¡tenía que vencer en la carrera! Y cuando volviéramos a Heraclea, toda la ciudad me recibiría como cuando mi padre y los vecinos volvieron de la guerra. Y todo esto podía ser gracias a que Zeus venció en su lucha y nosotros todavía nos acordábamos y lo celebrábamos.

Las sensaciones se me amontonaban y el corazón me palpitaba como un caballo desbocado. Nunca en mi vida me había sentido tan contento y emocionado como entonces. Me sentía capaz de comerme al mismo Cronos.

Los diez meses de entrenamiento obligatorio en nuestra ciudad pasaron rápido. Nuestro maestro, el de Duris y mío, se llamaba Agénor y era de Olimpia.

Cuando era más joven, antes de dedicarse a enseñar, Agénor había vencido en las Olimpiadas participando en el pentatlon, que era como el centro de los Juegos porque incluía cinco pruebas distintas.

El pentatlon comenzaba con el lanzamiento de un disco de bronce que pesaba más de un kilo y menos de cinco. Claro, se trataba de lanzarlo lo más lejos posible. Y nunca era tan lejos como para perderlos porque estos discos luego se guardaban dentro de bolsas adornadas con cintas, para emplearlos la próxima vez.

Después venía el salto de longitud, que tanto me había llamado la atención cuando lo vi por primera vez, porque mientras se saltaba sonaba música de flautas. Y esto es así porque Apolo, hijo de Zeus y dios de la música, ganó una vez, hace muchísimo tiempo, en las Olimpiadas.

Y la música era lo único que animaba, porque sin tomar impulso ni carrerilla había que saltar la distancia mayor que se pudiera.

A continuación se lanzaba la jabalina, hecha de madera, con punta de metal y tan alta como un hombre. No se apuntaba a un blanco, sino que se trataba de enviarla lo más lejos posible.

Después había una carrera y, por último, la lucha libre, y así se acababa el pentatlon.

Si alguno de los participantes vencía en las tres primeras pruebas, no se seguía porque ya había ganado. Y los que perdieran en tres tenían que retirarse porque ya habían perdido. Pero no siempre era así, y a veces no se decidía nada hasta el final.

Yo estaba muy orgulloso de nuestro maestro Agénor que, además de haber conseguido ganar en todo esto, sabía muchísimas historias sobre niños y mayores que habían participado a lo largo de los años y nos las contaba después de las clases, porque lo primero era lo primero.

Duris también escuchaba curioso estas historias. Claro, él solía pedirle que nos hablara de los luchadores, que era lo suyo. Según nos contaba Agénor, los muchachos como nosotros, o más bien como Duris, participaban en la prueba de la lucha libre.

Pero para los mayores había otras dos pruebas de lucha, una se llamaba pugilato y la otra, pancracio.

El pugilato era una lucha a puñetazos. Pero no se golpeaba con los puños desnudos, sino que los púgiles se ataban alrededor de los nudillos, por toda la mano, la muñeca y parte del brazo, una tira muy larga de cuero. Luego cerraban el puño y así golpeaban con toda su fuerza. Bueno, no sólo se trataba de golpear, sino también de evitar los golpes del contrario, claro. Y si se conseguía vencer y, además, tú casi no habías recibido golpes, pues era mejor.

Lo que pasa es que, según la suerte que tuvieras, te podía tocar luchar contra alguien más grande y alto, o más bajito y menos pesado. De cualquier forma, había que ser muy fuerte y resistente, porque no había descansos y perdía el que cayera y no pudiera levantarse.

Y aún más duro era el pancracio. Esto era una lucha algo distinta. Se golpeaba con los puños desnudos y por eso se entrenaban golpeando un saco grande, lleno de arena o de granos de trigo, que se ponía colgando del techo. Pero digo que era más duro que el pugilato porque aquí valía todo. No sólo dar puñetazos con los puños desnudos, sino también todo lo que se les ocurriera. Y, claro, el que venciera en el pancracio es que era capaz de cualquier cosa.

Porque todos los que luchaban tenían que ser muy, pero que muy fuertes. Pero también tenían que estar muy ágiles, para esquivar los golpes del otro; ser astutos para despistarle, pillarle desprevenido y hacerle caer, y resistir el dolor y aguantarse. O sea, que no era sólo fuerza a lo bruto, aunque, desde luego, fuerte había que ser, pero también tu fama era mayor si ganabas.

Duris, aunque era algo mayor que yo, no era tan mayor como para participar en el pugilato ni en el pancracio. Él combatía en lo que se llamaba lucha libre, que era muy distinto, aunque también había que ser muy fuerte. ¡Y vaya si él lo era! Cada día más, gracias al entrenamiento.

—¿Y por qué no puedo pelear como los mayores? —le preguntaba Duris a Agénor.

—¿Te parece poco la lucha libre? —le respondía el maestro.

Y desde luego que no era poco. Porque la lucha libre era conseguir que el otro se cayera al suelo tres veces. ¿Que cómo?, pues como se pudiera; tenías que intentar agarrarle por donde fuera y derribarle. Valía todo, hasta valía ponerle la zancadilla.

Claro que, a veces, con un golpe, ¡zas!, ya estaba. Y así es como solía pelear Duris, empleando sólo su fuerza. Pero Agénor le enseñó que eso no era así. Se trataba de ser astuto y sorprender al otro, agarrándole por donde menos lo esperara. Y así podías ganar, incluso a chicos mucho más fuertes y grandes, siendo más astuto y hábil que ellos.

Y menos mal que era así, porque te tocaba por sorteo luchar contra quien fuera

y podía ser más grande y fuerte que tú; pero tú podías ganarle teniendo mucha práctica, y cuanto mejor te movieras, para evitar que el otro te cogiera, más gustabas a todos.

Duris comprendió pronto todo esto, y durante los diez meses que duró su entrenamiento mejoró mucho su técnica. Y se cuidaba la piel para que no dolieran mucho las agarradas durante la lucha. Y la forma de cuidársela era untándose todo el cuerpo con una mezcla de arena y aceite, que luego tenías que quitártela con un raspador.

Y Agénor vigilaba también lo que comíamos y lo que no, y cuánto dormíamos. Bueno, vigilaba y se encargaba de todo.

Nos levantábamos y, en ayunas, sin comer nada, nos dábamos un baño y nos untábamos la piel con aceite por todo el cuerpo, porque siempre estábamos desnudos y descalzos. Luego empezaban los ejercicios de todo tipo para desarrollar los músculos y el cuerpo entero. Corríamos, saltábamos, luchábamos, jugábamos a la pelota, de todo.

Agénor nos estimulaba y nos corregía cuando hacíamos algo mal y quería que, hiciéramos lo que hiciéramos, tuviésemos nuestro estilo y que nuestro estilo fuera bonito.

Comíamos pan de cebada, puré de trigo, higos secos, nueces y queso fresco. También carne que no tuviera grasa.

Al acabar los ejercicios, nos volvíamos a bañar. Y, a veces, nadábamos durante un buen rato. También tomábamos el sol.

Por la noche dormíamos en el suelo, tapados con pieles. Y dormíamos mucho para descansar bien.

Así pasaron los diez meses. Y entonces nos fuimos a Elis, junto a Olimpia, para pasar allí un último mes, entrenándonos junto a todos los que se presentaran en los Juegos, venidos de todas partes de Grecia.

Una vez allí, Agénor, aunque vino con nosotros, dejó de ser quien nos mandaba. Ahora, en Elis, había unos jueces que lo controlaban todo. Y eran mucho más duros que él. A la mínima que hicieras, te castigaban.

Nos juntamos un grupo de chicos, y algunos habían llegado desde muy lejos: de Atenas, de Mileto, de Mantinea, de Tebas, de Rodas. Lo primero que hicieron los jueces, que eran seis, fue comprobar si todos éramos como debíamos ser para poder participar; es decir, griegos y libres. También les preguntaron a los maestros si habíamos estado durante diez meses entrenándonos.

Como todo estaba bien, nos admitieron a todos y entonces empezaron a entrenarnos. La verdad es que Duris y yo seguíamos haciendo lo mismo que habíamos hecho en Heraclea con Agénor. Pero todo era más duro y nos vigilaban mucho más. Aunque, eso sí, a todos nos trataban exactamente igual.

Y si alguno de los chicos hacía trampas, faltaba a las clases, comía algo que no debía o no dormía cuando le decían, le castigaban con un látigo.

Agénor nos animaba y nos contaba más historias que nunca, ahora que ya no era el que nos enseñaba en las clases, porque eran los jueces los que lo hacían.

—Agénor, por favor, cuéntanos cosas de los Juegos —le decíamos.

Y Agénor contaba y contaba.

A mí, la historia que más gracia me hacía era la de Feidolas, que fue un jinete que participó en las carreras de caballos hace mucho tiempo.

Bueno, pues su caballo lo tiró al suelo nada más empezar la carrera. Pero aunque Feidolas se levantó en seguida, ya no pudo volver a montar al caballo. Porque el caballo siguió corriendo sin pararse, y corrió tanto y tanto que llegó el primero a la meta. Y allí se paró, como si supiera que tenía que hacerlo, ante el pasmo de todos los espectadores.

Y, claro, los jueces reconocieron que el caballo de Feidolas había llegado el primero aunque fuera sin jinete. Y dijeron que era el vencedor. Y así ganó Feidolas, aunque el verdadero ganador fue su caballo, que lo hizo todo él solo.

También me gustaba mucho la historia de Orsino, que fue el primero al que se le ocurrió correr desnudo. Porque antes, hace mucho, corrían vestidos. Pero Orsino, que debía ser muy despabilado, se quitó la ropa y ganó la carrera. Y desde entonces todos corremos desnudos, porque está claro que sin ropa se corre más rápido.

A Duris le gustaban sobre todo los relatos sobre Milón, que fue un luchador famosísimo. Agénor contaba de él cosas que a mí me costaba creer. Pero Duris las creía a pies juntillas, y yo creo que le hubiera gustado ser como él.

META

Bueno, lo que a mí me parecía más increíble era que una vez estaba con sus amigos en una cueva y de pronto el techo de la cueva se derrumbó. Y Milón lo sostuvo con su espalda hasta que todos salieron y se salvaron.

Y así pasó el mes en Elis. Y los seis jueces hicieron una selección entre todos los que habíamos ido desde todos los sitios. Y escogieron a los mejores. Y a Duris y a mí nos eligieron, pero otros tuvieron que volver a sus ciudades.

Camino de Olimpia

Y ya llegó el momento de ir a Olimpia para que los Juegos pudieran empezar. Y entonces los seis jueces nos reunieron a todos para que fuéramos juntos, andando, como yo había ido con mi padre, desde Heraclea, cuando era pequeño.

Desde Elis hasta Olimpia se tardaba dos días andando, pero eso no era nada. Uno de los jueces nos dijo:

—¡Vamos a Olimpia! Entrad en el estadio y demostrad que sois los mejores. Y el que no esté bien preparado, que se vaya a otra parte.

Cuando llegamos a Olimpia, muchísima gente nos recibió muy contenta. Allí estaban ya mi padre y el de Duris, y más gente de Heraclea que había ido para vernos y animarnos. Y yo creo que había todavía más personas, venidas de todas partes, que la otra vez que yo había estado. Pero esta vez no me asustaban. Al contrario, yo estaba encantado.

Nos reunimos todos los que íbamos a participar, chicos y mayores, porque primero desfilábamos juntos por la ciudad. Y delante iban los heraldos tocando muy fuerte las trompetas. Y la música emocionaba mucho, y yo sonreía a todo el mundo y saludaba con la mano.

Y Duris, a mi lado, también sonreía y hasta le gritó a su padre. Bueno, él creyó reconocer a su padre entre toda la gente que se agolpaba a los lados. Pero era difícil ver a nadie entre todo el gentío y con el sol que te daba en los ojos.

También desfilaban con nosotros los jueces, muy dignos, vestidos con trajes de color púrpura. Y al final de todos iban los carros y los caballos, que se removían y relinchaban, porque se ponían nerviosos con los gritos y aplausos de la gente.

Yo no entiendo cómo cabían tantas personas en las calles de una ciudad. Pero, claro, la fiesta y los Juegos son para todos los griegos, y nosotros somos pocos en Heraclea, pero sumando toda Grecia somos muchos.

Y así fuimos desfilando en procesión, por un camino que estaba lleno de altares, y al final se llegaba al altar más importante, que estaba dedicado a Zeus. Y allí, ante el altar de Zeus, los sacerdotes ofrecían un sacrificio en honor del dios.

Ofrecer sacrificios era matar un animal allí mismo, y lo mejor y más rico del animal era para Zeus y se quemaba en el altar. Y el humo subía al cielo y el olorcillo le gustaría, seguro. Y el resto se guardaba para que lo comiéramos todos en la cena.

Después fuimos a un palacio, que tenía una habitación muy larga y grande, donde había una estatua de Zeus. Había que ponerse delante de la estatua y jurar que se había hecho todo lo que había que hacer y que íbamos a jugar sin hacer trampas. Y mirar a Zeus imponía mucho, porque era muy grande y tenía un rayo en cada mano.

De todas formas, los chicos no podíamos jurar, por ser aún pequeños, y entonces juraba en nuestro lugar un pariente. En mi caso fue mi padre el que juró por mí, y yo nunca le había oído una voz tan solemne.

Ya podían empezar los Juegos. Todo el reglamento se había cumplido, y los dioses en el cielo y los hombres en la tierra estaban pendientes de nosotros.

Primero se celebraban los Juegos de los pequeños antes que los de los mayores. Y lo primero de todo era la carrera. Yo pensaba que era mejor así. ¡No podía esperar más!

En el estadio

DE manera que nos fuimos al estadio. El estadio de Olimpia era el más grande que había en toda Grecia. La pista de tierra donde se corría tenía unos 200 metros, y alrededor de ella estaba el espacio que ocupaban los espectadores, que podían ser hasta 40 000.

Y justo en el lugar de la meta había unos asientos especiales para los jueces, que tenían que verlo todo muy bien porque eran los que decían quién había ganado. Y también podían sentarse allí hombres muy importantes, como ganadores famosos en años anteriores.

El resto de la gente se ponía donde podía y como podía, ocupando el sitio que quisiera, porque no había más asientos. Y estaba todo lleno a rebosar.

Como la lucha se hacía por parejas, había que sortear quién luchaba contra quién. Y para el sorteo se usaba una olla de plata, que siempre era la misma, y en la olla se metían unas fichas todas marcadas con letras, y las letras estaban repetidas.

Los atletas se acercaban uno a uno, invocaban a Zeus para que les diera suerte; sin mirar, metían la mano en la olla y sacaban una ficha. Así, los que sacaran la ficha con la misma letra eran los que tenían que luchar juntos.

Después, un mensajero levantó la mano y todo el mundo se calló. Había que guardar silencio porque iban a decir los nombres de los que participábamos y todos querían oírlos.

—¡Telón, de Heraclea, va a participar en la carrera!

Me acerqué y saludé. Luego di la vuelta al estadio, acompañado por el mensajero que iba gritando mi nombre y preguntando al público si alguien sabía algún motivo por el que yo no debiera participar. Pero yo era libre, griego y no había cometido ningún delito, de forma que nadie dijo nada. Sólo me saludaron.

Una vez que se había hecho así con todos comenzaba la primera prueba: la carrera. Como éramos cuatro chicos los que participábamos, no hubo que hacer primero carreras de eliminación, pues si había muchos se iban seleccionando los mejores antes de la prueba definitiva.

Nos situamos de pie, en la salida, que estaba marcada por un travesaño. Con el cuerpo inclinado hacia adelante y los brazos colgando, extendidos. Los jueces estaban bien pendientes de que estuviéramos todos a la misma altura y separados por una distancia de más de un metro, para no estorbarnos los unos a los otros.

Allí estábamos los cuatro, con los cuerpos en tensión, la mirada al frente. Sudando por el calor y la emoción.

Un juez gritó: ¡Ya!

Y salimos disparados. Sabíamos que era importante el primer paso y que había que darlo firme y lo más rápido posible. Y comenzar ya a mirar hacia la meta, sin desviar la vista.

La gente, que había guardado silencio hasta entonces, empezó a gritar los nombres de todos para animarnos. Y se armó tal griterío que ninguno reconocía su propio nombre, pero todos pensábamos que allí estaban nuestros parientes y amigos, y eso ayudaba. Y yo también gritaba mientras corría, porque era imposible estar callado.

Corrí y corrí como si mis piernas fuesen solas. No pesaba nada.

¡Más deprisa, más rápido! Sentía la respiración de los demás tras de mí, muy cerca. El viento me empujaba más y más hacia el poste que marcaba la meta de llegada.

Gané. Zeus lo quiso. Y hubiera podido correr sin parar durante mucho más tiempo. Pero la carrera ya había acabado.

Un juez se acercó a mí y levantó mi brazo, mientras pronunciaba mi nombre, para señalar que yo era el vencedor. Y la gente gritaba y lo repetía entre aplausos. Después, el juez me dio una hoja de palma para que la sostuviera en mi mano y me puso en la frente una cinta blanca para que todos los que me vieran supieran que yo, Telón, de Heraclea, había ganado.

Y ahora empezaba la lucha. Y allí estaba mi amigo Duris preparado. Hasta este momento yo no me había fijado en el contrincante de Duris. Era un muchacho alto como una torre, o al menos eso me pareció a mí.

Pero Duris, al contrario que yo, no parecía preocupado.

—¡Duris, de Heraclea, contra Cratino, de Tebas! —anunció el juez.

El combate duró mucho. Yo gritaba sin parar, animando a mi amigo:

—¡Vamos, Duris!

¡Primer derribo! Duris retrocedió esperando a que el otro chico se levantara y yo aplaudí con todas mis fuerzas.

¡Segundo derribo! Todo iba bien, sólo faltaba un último esfuerzo.

Entonces Cratino reaccionó. Parecía furioso y empezó a golpear a Duris intentando derribarle. Duris lo esquivaba como podía, pero lo estaba pasando mal. De pronto resonó la voz de nuestro maestro Agénor, que le gritaba:

—¡Agárralo y acaba!

Duris dio un salto, sujetó a Cratino, inmovilizándole, y le hizo caer al suelo. ¡Tercer derribo! Mi amigo había vencido. Y también a él le premiaron con una cinta blanca, igual que la mía, y le dieron la palma de la victoria.

Durante los días siguientes se celebraron los Juegos de los mayores. Y Duris y yo los vimos, ya entre el público, con nuestros padres y nuestro maestro Agénor. Y no necesito contaros lo orgullosos que estaban de nosotros dos, y lo felices que nos sentíamos todos.

La corona de hojas de olivo

AL quinto día se acabaron los Juegos. Y entonces nos reunimos en el templo de Zeus todos los que habíamos participado. Y allí los jueces fueron diciendo nuestros nombres y en qué prueba habíamos ganado:

—¡Telón, de Heraclea, vencedor en la carrera!

El juez se acercó a mí y me colocó en la cabeza el símbolo de la victoria: la corona de hojas de olivo silvestre.

—¡Duris, de Heraclea, vencedor en la lucha!

Duris sonrió mientras el juez le colocaba también la corona de hojas de olivo.

En aquellos momentos sentí que todos mis esfuerzos: los diez meses de duro entrenamiento en Heraclea con Agénor, el mes que pasamos en Elis y también lo que me costó ser fuerte y crecer habían merecido la pena. Mi nombre se recordaría siempre y otros chicos, muchos años después, oirían hablar de mí y querrían ganar como yo.

Muchos mensajeros partieron desde Olimpia hacia las ciudades de los ganadores, para comunicarles la victoria de sus representantes. Así, cuando volvieran, todos estarían preparados para recibirlos.

Como Heraclea, mi ciudad, estaba muy cerca, bastó con que enviaran una paloma mensajera que voló y voló hasta llegar allí.

Mientras tanto, nosotros dimos gracias al dios Zeus, que nos había permitido ganar, y después nos fuimos a un banquete.

Toda Olimpia estaba en fiestas. La gente comía, bebía y bailaba al son de la música. También había payasos que hacían reír y magos que hacían cosas increíbles. Todo era maravilloso.

Los Juegos habían acabado, pero aún quedaba la fiesta en Heraclea, a donde había llegado rápidamente la paloma mensajera, de forma que ya sabían que Duris y yo habíamos vencido, cada uno en lo nuestro.

Nuestra entrada en la ciudad fue algo estupendo. Íbamos coronados con las hojas de olivo, montados en un carro tirado por dos caballos y saludábamos a todos los habitantes que nos aplaudían y gritaban nuestros nombres. Así desfilamos por todas las calles y aquello no acababa nunca.

Y ¡qué alegría sentimos al ver a los demás chicos de la ciudad! Duris me cogió de la mano y yo se la apreté muy fuerte. ¡Qué bien sabe compartir la victoria con tu mejor amigo!

Finalmente, llegamos a la plaza, que estaba aún más llena de gente, y bajamos del carro. Allí estaba mi madre con Cinisca en brazos, sonriendo muy contenta. Y otra vez me dijo lo que decía siempre: que las ninfas de la fuente a donde me llevaba cuando era pequeño me habían curado.

Y después fuimos al templo y allí, delante del altar de Zeus, dejamos nuestras coronas de olivo. Para que el dios las viera y se alegrara y protegiera siempre a nuestra ciudad.

Y por la noche se celebró otro banquete. Y los habitantes más importantes y ricos dijeron que nuestra victoria debía recordarse siempre y que habían decidido hacer dos estatuas, una de Duris y otra mía, que se colocarían en Olimpia en un sitio especial, reservado para los atletas victoriosos.

Además, las estatuas llevarían una inscripción que dijera:

«Telón, hijo de Quereas,
y Duris, hijo de Pitarco,
vencedores en Olimpia,
hicieron famosa
a su ciudad Heraclea.»

Yo no sé qué sintió mi amigo Duris al oír esto, pero para mí fue como acabar algo que había empezado hacía años, cuando mi padre me llevó, siendo yo muy pequeño, a Olimpia a ver los Juegos.

Vocabulario

Auriga: *Así se llamaba en la antigua Grecia a los que conducían los carros.*

Estadio: *Es una medida de longitud que equivale a 125 pasos, es decir, unos 200 m. También se llamaba así al lugar, de esa longitud, donde se ejercitaban los hombres y los caballos para las carreras y la lucha.*

Heraldos: *Personas encargadas de anunciar algo importante.*

Mecenas: *Persona rica que ayudaba a los artistas o, en este caso, a los atletas.*

Medos: *Habitantes de Media, una región de Asia.*

Ninfas: *Eran como las hadas de nuestros cuentos, divinidades con figura de hermosas muchachas, que habitaban en los ríos, en las fuentes y en los bosques.*

Palestra: *Lugar donde los griegos se entrenaban para competir en la lucha.*